Christoph Brodesser

Die Heinrichsflut 1965

Einsatz des Deutschen Roten Kreuzes bei der Hochwasserkatastrophe in Ostwestfalen

Bibliografische Information der Deutschen National-bibliothek:
Die Deutsche Nationalbibliothek verzeichnet diese Publikation in der Deutschen Nationalbibliografie; detaillierte bibliografische Daten sind im Internet über http://dnb.dnb.de abrufbar.

Herstellung und Verlag:
BoD – Books on Demand, Norderstedt

ISBN: **9-783734-786907**

Vorbemerkungen

Die "Heinrichsflut" im Jahre 1965 in Ostwestfalen gehört zu den "vergessenen Katastrophen". Sie stand stets im Schatten der großen Sturmflutkatastrophe 1962 in Hamburg und später der Überflutungen an Elbe und Oder. Dennoch hat sie in den von ihr betroffenen Gebieten viel Leid gebracht und führte zu einem der größten Inlandseinsätze des Deutschen Roten Kreuzes in den 60er Jahren des vorigen Jahrhunderts nach dem Einsatz in Hamburg. Außerdem bedeutete sie die erste Bewährungsprobe für die zu diesem Zeitpunkt erst wenige Jahre alten Katastrophenabwehrplanungen des Landes Nordrhein-Westfalen.

Das vorliegende Büchlein erhebt nicht den Anspruch einer wissenschaftlichen Darstellung; es soll vielmehr – fünfzig Jahre nach dem Ereignis – an das Geschehen erinnern und insbesondere darstellen, wie das Deutsche Rote Kreuz in Westfalen-Lippe den betroffenen Menschen Hilfestellung geleistet hat. Dies erscheint umso wichtiger, als viele Menschen, die die „Heinrichsflut" noch selbst miterlebt haben oder aus Erzählungen von Verwandten und Freunden kennen, inzwischen ein Lebensalter erreicht haben, das die mündliche Überlieferung immer mehr erschwert.

Nordwalde, im Frühjahr 2015

Christoph Brodesser

Auslöser und Auswirkungen

„Die Heinrichsflut 1965 war eine der schwersten Naturkatastrophen in der Region", so beschreibt es Michael Weber in seinem 2005 erschienenen Bildband „Hochwasser an der Altenau". Und in der Tat: nach Starkregenfällen am 16. und 17. Juli 1965 starben elf Menschen und es entstanden Schäden in dreistelliger DM-Millionenhöhe. Besonders schwer betroffen waren die Einzugsbereiche von Twiste und Diemel und die an deren Mündung liegende Stadt Bad Karlshafen sowie das Einzugsgebiet der Lippe und der Altenau, allein in deren Einzugsgebiet insgesamt sieben Menschen starben.

Wie konnte es zu diesem Ereignis kommen?
Schon das Frühjahr 1965 war ungewöhnlich nass und kalt gewesen. Mitte Juli 1965 strömten dann warme Luftmassen aus den Subtropen nach Norden, wo sie auf kalte skandinavische Luftmassen trafen. Auf der Rückseite der einfließenden Warmluft bildete sich dabei über Nordfrankreich ein sogenannter Kaltlufttropfen aus. Dies führte dazu, dass die eingeflossene, sehr feuchte Warmluft von kalter Luft vollständig umschlossen wurde. Wie die Meteorologen berichten, führte dies am 16. Juli über der Paderborner Hochfläche, der Warburger Börde und dem Waldecker Tafelland zu langanhaltenden, wolkenbruchartigen Niederschlägen, die sich dort festsetzten, da sie auf der im Westen vom Rothaargebirge, im Osten von Eggegebirge und Reinhardswald begrenzten Fläche nicht weiterziehen konnten. Wegen des bereits vorangegange-

nen feuchtkalten Frühjahrs war die Wasseraufnahmefähigkeit der Böden nahezu erschöpft, was dazu führte, dass die allein schon auf der Paderborner Hochfläche am Freitag, 16. und Sonnabend, 17. Juli 1965 gemessenen Niederschlagsmengen von mehr als 130 mm/qm nahezu vollständig als Oberflächenwasser abflossen. Die Wasserbehörden hatten vorsorglich bereits ab dem 13. Juli 1965 die Edertalsperre teilweise abgelassen. 29 Millionen Kubikmeter Wasser, die aus den starken Niederschlägen im Einzugsgebiet des Oberlaufs der Eder stammten, konnten daher im Edersee aufgefangen werden.

Innenstadt von Bad Karlshafen am 17. Juli 1965 (Autor unbekannt)

Im Einzugsbereich der Diemel und der Twiste sowie der Lippe und Altenau konnten jedoch die Niederschläge von den bereits gesättigten Böden nicht mehr aufgenommen werden. Alle bisher beobachteten Wasserstände wurden in der Folge deutlich überschritten. So wird über den Pegel der Diemel in Bad Karlshafen

8

berichtet, dass dieser binnen weniger Stunden um 5 Meter angestiegen sein soll.

Besonders die kleinen Staudämme an den damals noch zahlreichen Wassermühlen waren für eine derartige Belastung nicht ausgelegt und brachen. Meterhohe Flutwellen waren die Folge, die wiederum zahlreiche massive Straßenbrücken zerstörten und damit viele Verkehrswege – zum Teil auch überregionale – unpassierbar machten. Besonders erschwerend wirkte sich aber die Zerstörung von Strom- und Telefonleitungen aus. In einer Zeit, in der Kommunikation im wesentlichen mittels Beförderung von Schriftstücken über Straßen und dem Führen von Telefonaten über leitungsgebundene Verbindungen realisiert wurde, war dies für eine überörtliche und überregionale Koordinierung von Maßnahmen der Schadensbeseitigung und der Hilfe für die betroffenen Gebiete besonders erschwerend. Selbst bei Polizei und Feuerwehr standen drahtlose Nachrichtenmittel wie Funkgeräte nur in einer geringen Zahl zur Verfügung und das Telefonieren über Mobilfunkverbindungen, wie es heute gang und gäbe ist, wäre damals als reine Utopie erschienen. Durch den Ausfall von Strom- und Telefonnetzen standen auch Fernschreibverbindungen nicht mehr zur Verfügung. Als Bindeglied zwischen den Behörden und der Bevölkerung für Warnungen und Vorsorgehinweise konnten nur lokale Aushänge, Luftschutzsirenen sowie Lautsprecherwagen von Polizei und Feuerwehr dienen, und auch dies nur im örtlichen Rahmen, denn auch für die örtlichen Gemeindeverwaltungen waren die Verbindungen zu den Kreishäusern nicht mehr verfügbar. Fernsehen und Rundfunk – wenn sie denn durch den Stromausfall überhaupt emp-

fangen werden konnten, denn netzunabhängige Auto-
oder Transistorradios gab es kaum – sendeten nur ein-
geschränkt für einige Stunden am Tag. Außerdem ließen sich die laufenden Programme nur sehr schwer
ändern oder unterbrechen, denn die Inhalte wurden
von weit entfernten Funkhäusern produziert oder von
anderen deutschen Sendeanstalten übernommen. An
regionale oder sogar lokale Rundfunkprogramme war
in den 60er Jahren des vorigen Jahrhunderts überhaupt
nicht zu denken. Tageszeitungen wiederum waren auf
eine funktionierende Straßeninfrastruktur angewiesen,
um von den Druckhäusern zu den Menschen transportiert zu werden. Als problematisch erwies sich auch
immer wieder der Umstand, dass zu dieser Zeit die
Stromversorgung in den Siedlungsgebieten sowohl
auf dem Land als auch in den Städten durch Freileitungen erfolgte. Diese Freileitungen wurden durch
Blitzschlag, durch Auswirkungen des Hochwassers
und durch Sturm oft schwer beschädigt, was zu groß-
flächigen, langandauernden Stromausfällen führte.

Unter solchen Bedingungen konnte die Bevölkerung
lediglich durch Lautsprecherwagen von Polizei und
Feuerwehr oder durch von Haus zu Haus gehende Be-
dienstete gewarnt werden. Waren jedoch Strom- und
Telefonverbindungen unterbrochen und Zufahrten unpassierbar, war Vorsorge kaum noch möglich und es
konnten letztendlich nur noch Rettungsmaßnahmen
eingeleitet werden.

Kurz: mangels anderer Strukturen waren die Menschen in den Gemeinden entlang der Altenau und der
Lippe lediglich auf das angewiesen, was sie örtlich
zur Verfügung hatten, und das waren unter dem Ge-

sichtspunkt der Hilfeleistung zunächst der örtliche Polizeiposten, die Ortsfeuerwehr und die örtlichen Gliederungen der Hilfsorganisationen.

Aber nicht nur der ostwestfälische Raum war betroffen. Insbesondere entlang der Lippe und bis in das Münsterland hinein führte der Starkregen zu Überschwemmungen und Zerstörungen. Eine Grafik, die der DRK-Landesverband Westfalen-Lippe im September 1965 veröffentlichte, zeigt die Auswirkungen der Heinrichsflut in Nordrhein-Westfalen in vollem Ausmaß.

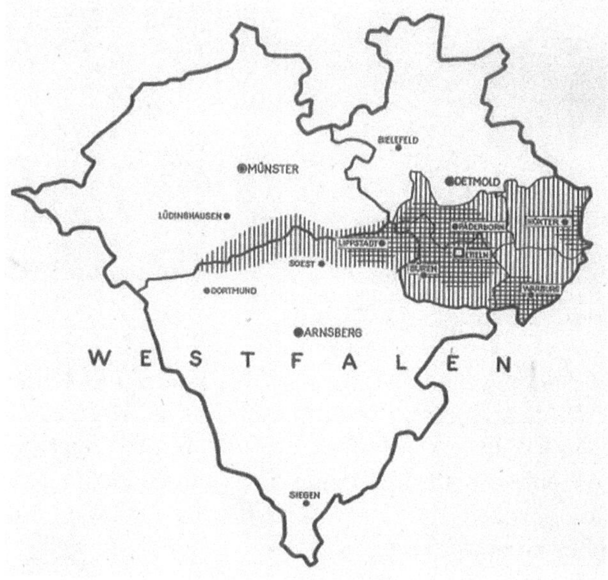

Einzugsbereich der Hochwasserkatastrophe 1965,
Quelle: DRK-LV Westfalen-Lippe in „Idee + Tat" 9/1965

Gefahr drohte in den weiter lippeabwärts gelegenden Orten besonders in Lippstadt, wo der mehr als drei Meter hohe Lippedamm am 17. Juli brach und erst in den Abendstunden am Sonntag, 18. Juli, durch den Einsatz deutscher und belgischer Pioniereinheiten wieder geschlossen werden konnte. Die Innenstadt von Lippstadt stand tagelang unter Wasser. Auch in Lippstadt fielen Strom- und Trinkwasserversorgung aus.

Marktstraße in Lippstadt beim Hochwasser 1965,
Quelle: Staatliches Umweltamt Lippstadt

Neben den Überflutungen in den Kreisen Paderborn Büren und Lippstadt waren besonders die Kreise Höxter und Warburg betroffen. Abseits dieser Hauptschadensgebiete hatte aber auch die Stadt Selm im Kreis Lüdinghausen eine Überschwemmung kleineren Ausmaßes zu bewältigen.

12

Behördliches Krisenmanagement

Zwar traf die Überschwemmungskatastrophe die Katastrophenschutzbehörden nicht gänzlich unvorbereitet. Immerhin waren die „Richtlinien über Organisation und Durchführung der Katastrophenabwehr im Lande Nordrhein-Westfalen" (RKA) seit 1959 in Kraft und regelten insbesondere Zuständigkeiten und Aufgabenverteilung zwischen Verwaltungsebenen. Angesichts des Schadensausmaßes waren die Behörden jedoch auf ein derartiges Extremereignis nicht eingestellt. Die RKA beschränkten sich überdies im Wesentlichen auf die Zusammenfassung der ohnehin vorhandenen Kräfte aus Verwaltungen, Behörden, Feuerwehren und Hilfsorganisationen unter eine einheitliche Führung durch die sogenannte „Katastrophenabwehrleitung" (KAL) des Oberkreisdirektors in Landkreisen bzw. Oberstadtdirektors in den kreisfreien Städten. Zusätzliche, speziell für Katastrophen vorgehaltene Kräfte waren erst seit einigen Jahren im Aufbau. Hier sind insbesondere die regionalen K-Sanitätszüge und K-Betreuungszüge zu nennen, die, wie im folgenden noch zu beschreiben sein wird, tatsächlich dann auch neben den Feuerwehren die Hauptlast des Einsatzes getragen haben. Hinzu kam die Zersplitterung des Gefahrenabwehrsystems auf die unterschiedlichen Verwaltungsebenen: während für den Feuerschutz und die technische Hilfeleistung die Gemeinden mit ihren Feuerwehren zuständig waren, verfügte der für die Katastrophenabwehr zuständige Oberkreisdirektor des Kreises zunächst einmal über keine eigenen Einsatzpotentiale. Ein dem heutigen

System entsprechender auf Kreisebene organisierter Rettungsdienst war in den 60er Jahren noch nicht vorhanden, vielmehr gab es in den einzelnen Orten lediglich Krankentransportdienste, die aber im allgemeinen nicht zentral geführt und gelenkt wurden. Zentrale Leitstellen der Feuerwehr gab es nur in den kreisfreien Städten, während die Feuerwehrrufnummer 112 in den Landkreisen in der Regel in örtlichen Feuermeldestellen, Gemeindeverwaltungen und teilweise sogar in Privatwohnungen von Feuerwehrführungskräften aufliefen. Soweit Krankentransportleistungen wie beispielsweise in Paderborn durch das Rote Kreuz erbracht wurden, gab es immerhin Funkzentralen, die die wenigen mit Funk ausgestatteten Krankenwagen führen konnten – ein Rettungsdienst im heutigen Sinne mit Leitstellen und zentralen Notrufabfragestellen war in der Fläche des Landes aber erst etwa ein Jahrzehnt später aufgebaut. Die bereits erwähnten regionalen Katastrophenschutzzüge wiederum unterstanden verwaltungsmäßig den Regierungsbezirken und wurden durch die Landesverbände der Hilfsorganisationen in eigener Zuständigkeit eingesetzt und geführt. Die Polizei als staatliche Einrichtung war ebenfalls anders als heute auf der Ebene der Regierungsbezirke organisiert (mit Ausnahme der kreisfreien Städte, deren Polizeipräsidenten aber ebenfalls als staatliche Behörde außerhalb der kommunalen Verantwortung tätig waren). Ihr kam aber im Hinblick auf ihre Zuständigkeit für den sogenannten „K-Fernmeldedienst", also für die interne und externe Kommunikation der Katastrophenabwehrleitungen auf Kreis- und Bezirksebene eine besonders hohe Bedeutung zu. Zu guter Letzt gab es neben den beschriebenen Einrichtungen außerdem noch die Kräfte des „Luftschutzhilfsdienstes", die als

14

Einrichtung des Zivilschutzes primär auf Aufgaben im Verteidigungsfall ausgerichtet und für Zwecke der Katastrophenabwehr nur sekundär vorgesehen waren; auch der Luftschutzhilfsdienst unterstand den Regierungsbezirken.

Die Oberkreisdirektoren der Landkreise waren damit zwar für die Katastrophenabwehr zuständig, verfügten jedoch nicht über eigene operative Kräfte für diese Aufgabe. Sie waren damit darauf angewiesen, dass ihnen – neben der Koordinierung der örtlichen Feuerwehren und örtlichen Bereitschaften der Hilfsorganisationen – die den Regierungsbezirken zugeordneten Einheiten des regionalen Katastrophenschutzes und des Luftschutzhilfsdienstes zur Verfügung gestellt wurden.

Außerhalb der unmittelbaren Verwaltungsstrukturen der Gemeinden, Kreise und Regierungsbezirke standen daneben weitere Einsatzpotentiale der Hilfsorganisationen bereit, die im Auftrag der Katastrophenabwehrleitungen durch die jeweiligen Landesorganisationen eingesetzt werden konnten. Neben der Bundesanstalt Technisches Hilfswerk war dies insbesondere der Hilfszug des Deutschen Roten Kreuzes. Nicht zu vergessen sind die Kräfte der Bundeswehr und der Streitkräfte der NATO-Partner, die ebenfalls wertvolle Leistungen bei der Bewältigung des Hochwassers erbracht haben.

Die beschriebene Verteilung der Zuständigkeiten und Kompetenzen, wie sie sich aus den bereits erwähnten RKA ergab, war zwar in ihrem logischen Aufbau durchaus folgerichtig, aber mit ihrer Verlagerung der Entscheidungsebenen auf die Kreise und Regierungsbezirke darauf angewiesen, jederzeit ausreichende und stabile Kommunikationsverbindungen zur Verfügung zu haben. Genau dies war aber durch das Hochwasserereignis nicht mehr gegeben! Gemeindeverwaltungen konnten die Kreisverwaltungen telefonisch nur mehr unter großen Schwierigkeiten erreichen, und das Abstützen der Kommunikation in erster Linie auf das drahtgebundene Fernsprech- und Fernschreibsondernetz der Polizei sowie einen funktionierenden Polizeifunk war spätestens bei einer Zerstörung der Übertragungsleitungen und der großen Menge an zu übertragenden Nachrichten ebenfalls zum Scheitern verurteilt – wir sprechen hier schließlich noch von einer Zeit, als noch längst nicht jedes Feuerwehrauto, jeder Polizeistreifenwagen oder Krankenwagen ein Funkgerät hatte und auch die Anzahl der verfügbaren Frequenzen im Zeitalter des Analogfunks im 50-kHz-Raster um Größenordnungen geringer war als in späteren Jahren. Immerhin war das in einen Krankenwagen einzubauende Funkgerät zu dieser Zeit fast ebenso teuer wie das Fahrzeug selbst. Die regionalen K-Sanitätszüge und K-Betreuungszüge verfügten zu dieser Zeit überhaupt nicht über Funkgeräte (diese wurden erst Mitte der 70er Jahre durch das Land beschafft), die Luftschutz-Sanitätsbereitschaften, immerhin von mehr als dreifacher Personalstärke gegenüber den K-Sanitätszügen, hatten exakt einen(!) Funkkommandowagen mit einem(!) Funkgerät, um die Verbindung nächsthöheren Führungsebene halten zu können.

Was blieb also übrig? Die in der Region stationierten Bundeswehr- sowie belgische, niederländische

16

und britische Militäreinheiten rückten auf eigene
Faust aus, nachdem die zuständigen Standortkomman-
deure das Bestehen eines katastrophalen Notstandes
erkannt hatten. Beispielsweise alarmierte sich das
Feldartilleriebataillon 71/110 der Bundeswehr aus
Dülmen sogar bereits vor Auslösung des Katastro-
phenalarms selbst und leistete wertvolle Hilfe in Lippstadt, von der Sicherung der Brücken über das Füllen
von Sandsäcken bis hin zur Führungsunterstützung
der Katastrophenabwehrleitung des Kreises Lippstadt.
Von diesen Einsätzen wussten aber die eigentlich für
die Katastrophenabwehr zuständigen Behörden sowie
anderen Akteure und Rettungseinheiten, wie Feuerwehr, THW und dem Roten Kreuz zunächst nichts.
Der Zusammenbruch der Fernmeldenetze wirkte sich
damit besonders verheerend aus. Teilweise saßen
Menschen im Hochwassergebiet bis zu 17 Stunden
lang auf den Dächern ihrer Häuser, bis sie entdeckt
und gerettet werden konnten.

Dennoch: der im gesamten betroffenen Gebiet aus-
gelöste Katastrophenalarm führte schließlich zum Einsatz tausender ziviler und militärischer Helfer. Neben
den örtlichen Feuerwehren, den Bereitschaften des
Roten Kreuzes, den kirchlichen Hilfsdiensten, der
Polizei und dem Technischen Hilfswerk waren Soldaten der Bundeswehr sowie der in Detmold, in Hameln
und der Senne stationierten britischen Rheinarmee
und der belgischen und kanadischen NATO-Partner
an vielen Orten im gesamten Überschwemmungsge-
biet im Einsatz und leisteten wertvolle Hilfe.

Aus heutiger Sicht trafen die behördlichen Katastrophenabwehrleitungen die in einer solchen Lage einzig

richtige Entscheidung: einerseits ließen sie den lokalen Hilfsmaßnahmen freien Lauf und gaben insbesondere die eigentlich dem Regierungsbezirk unterstellten Kräfte des Luftschutzhilfsdienstes und des regionalen Katastrophenschutzes für den Einsatz in Regie der Landkreise frei, andererseits folgten sie dem erprobten taktischen Grundsatz, möglichst rasch überörtliche Hilfe zu gewinnen und dann auch überörtlich zu führen. So erteilte die „Katastrophenabwehrleitung Bezirk" (KAL-Bezirk) des Regierungsbezirks Detmold bereits in den Abendstunden des 16. Juli den Auftrag an den DRK-Landesverband Westfalen-Lippe, den gesamten Rotkreuzeinsatz zu koordinieren. Die Bezirksbeauftragten des DRK für die Regierungsbezirke Detmold und Arnsberg waren von diesem Zeitpunkt an durchgehend in die Arbeit der Katastrophenabwehrleitungen der Regierungsbezirke Detmold und Arnsberg eingebunden, um Aufträge an das DRK entgegenzunehmen und Berichte und Meldungen aus dem Bereich des Roten Kreuzes in die behördlichen Führungssysteme einzubringen.

Von diesem Einsatz des DRK soll im Folgenden berichtet werden.

Der Rotkreuzeinsatz bei der Heinrichs-
flut in der Soforthilfe

Die ersten Rotkreuzeinheiten im Einsatz kamen aus
Büren! Bereits am Nachmittag des 16. Juli alarmierte
der Kreisverbandsarzt des DRK-KV Büren in Anbe-
tracht der zunehmenden Überschwemmungslage vorsorglich die im Kreisverbandsgebiet aufgestellte 36.
Luftschutz-Sanitätsbereitschaft (36. LS-SB). Zwei
Züge sowie der Versorgungszug mit der Feldküche
dieser Einheit waren ab 18 Uhr in Büren einsatzbereit.
Allerdings zeigten sich schon jetzt die Auswirkungen
der Schäden: der in Salzkotten stationierte 3. Zug kam
wegen der vom Hochwasser beschädigten Brücken
nicht mehr nach Büren durch. Bereits in der Nacht
(bei strömendem Regen, wie berichtet wird!) gab der
Versorgungszug 500 Portionen warme Verpflegung
an die Bevölkerung des im Tal der Altenau gelegenen
besonders betroffenen Ortes Etteln und an Einsatzkräfte aus.

Etwa zur gleichen Zeit war auch der Einsatzstab des
DRK-Landesverbandes Westfalen-Lippe telefonisch
vom DRK-Bezirksbeauftragten für den Regierungsbezirk Detmold aus der KAL-Bezirk heraus über die
Lage informiert worden. Für den Landesverband wurde rasch klar, dass überörtliche Hilfe sich insbesondere auf den Betreuungsdienst, aber auch auf die Wiederherstellung gesicherter Kommunikationsverbindungen erstrecken musste. Hier bewährte es sich, dass
der Landesverband bei der Einrichtung seines Fun-
knetzes für den Krankentransportdienst auch die Mög-

lichkeit der überörtlichen Kommunikation im Auge gehabt hatte: etwa gegen 20 Uhr lag der erste über Funk – denn die Telefonverbindungen in Paderborn waren gestört – übermittelte Lagebericht aus dem Einsatzstab des DRK-Kreisverbandes Paderborn vor, zwar noch etwas holperig, weil bedingt durch die Wetterlage die Funkverbindung immer wieder einmal abriss, aber immerhin konnte miteinander kommuniziert werden.

Überhaupt: die Kommunikation sollte anfangs ein Kernproblem des Einsatzgeschehens bleiben! Wie bereits berichtet war die Telefonverbindung zur DRK-Kreisgeschäftsstelle Paderborn ausgefallen, so dass der Einsatzstab des Kreisverbandes stundenlang ausschließlich auf Funk angewiesen war. Was aber tun, wenn die dem Kreisverband zugeordneten Einheiten nicht über Funk verfügten? Unkonventionelle Wege mussten beschritten werden: der Auftrag des Einsatzstabs des Kreisverbandes an seinen in Bad Lippspringe stationierten regionalen K-Betreuungszug, seine Kräfte zu alarmieren und in Etteln in den Einsatz zu gehen, wurde kurzerhand über Funk dem Einsatzstab des Landesverbandes übermittelt, der wiederum gab die Nachricht telefonisch an den Bezirksbeauftragten in der KAL-Bezirk in Detmold weiter. Von Detmold nach Bad Lippspringe funktionierten die Telefonleitungen nämlich noch, und so konnte der Alarmierungsbefehl von Paderborn nach Bad Lippspringe schließlich über den Umweg via Münster und Detmold in Bad Lippspringe ankommen. Gegen 23 Uhr rückte schließlich der K-Betreuungszug mit Verpflegung für 350 Personen nach Etteln ab, wo er gemeinsam mit dem Versorgungszug der 36. LS-SB dann für die Verpflegung der Bevölkerung und der Einsatzkräfte sorgte.

Zwischenzeitlich zeichnete sich ein weiterer Einsatzschwerpunkt im Tal der Lippe ab. Noch in der Nacht wurde der regionale K-Betreuungszug Arnsberg alarmiert und in den Frühstunden des 17. Juli nach Schloss Neuhaus verlegt, um auch dort für Warm- und Kaltverpflegung der Betroffenen und der Einsatzkräfte zu sorgen. Die Lage in der Stadt Lippstadt bereitete inzwischen zunehmend Sorge, so dass sich der Einsatzstab des Landesverbandes noch in den Abendstunden des 16. Juli entschloss, die Sozialeinheit der Hilfszugstaffel IV vorsorglich in Alarmbereitschaft zu versetzen. Wie wichtig und vorausschauend diese Entscheidung war, zeigte sich dann am 17. Juli, als seitens der KAL-Bezirk Detmold angefordert wurde, den Einsatz mit Schwerpunkt in Etteln für einen längeren Zeitraum fortzusetzen. Zunächst wurden der Versorgungszug der 36. LS-SB und der regionale K-Betreuungszug Bad Lippspringe durch den regionalen K-Betreuungszug Detmold verstärkt und später abgelöst, nach einer umfassenden Lageerkundung durch Führungskräfte des Landesverbandes dann schließlich der Einsatz der Sozialeinheit der Hilfszugstaffel IV, eines regionalen K-Sanitätszuges und insbesondere der Aufbau von Fernmeldeverbindungen vorgeschlagen und durch die KAL-Bezirk angeordnet.

In den Vormittagsstunden des 17. Juli war zu erkennen: sämtliche vom Wasser eingeschlossenen Einwohner der Gemeinde Etteln waren aus dem gefährdeten Gebiet gerettet und sicher untergebracht. Soldaten der Bundeswehr und der NATO-Partner, Kräfte der

Polizei und des Bundesgrenzschutzes, Kameraden der
Feuerwehr und des Technischen Hilfswerkes hatten
bis zur Erschöpfung gearbeitet. Nun ging es darum,
die Straßen von Schlamm und Unrat zu befreien und
alles vorzubereiten, dass nach Ablaufen des Wassers
die Häuser gereinigt und wieder bezogen werden
konnten – allerdings: dies würde Tage in Anspruch
nehmen und viel Hausrat würde ersetzt werden müssen. In Etteln gab es zu diesem Zeitpunkt eine durch
Angehörige der Amtsverwaltung und der Gemeinde
besetzte „Technische Einsatzleitung" (TEL), die außer
einem von einem einzelnen Polizeibeamten bedienten
Funkgerät keinerlei Nachrichtenverbindung nach außen hatte. Die Entscheidung des DRK-Landesverbandes, für den Einsatz in Etteln eine erfahrene Führungs-
kraft des Betreuungsdienstes bereitzustellen, wurde
daher in der dortigen TEL mit Freude aufgenommen,
versprach dies doch eine wichtige Entlastung und
Verstärkung im folgenden Einsatzgeschehen.

Die neu eingetroffene Einsatzleiterin des DRK war
Martha Wagner aus dem Kreisverband Brilon, eine er-
fahrende Rotkreuzfrau, die bereits früher Betreuungs-
einsätze erfolgreich geführt hatte. Gemeinsam mit der
zwischenzeitlich eingetroffenen Hilfszugstaffel IV
richtete sie auf einem Hofgelände ein Küchenzentrum
ein, sicherte den Nachschub an Verpflegungsgütern
für die Küche und löste durch ein System der Vertei-
lerfahrten, an denen auch die Kräfte des regionalen K-
Sanitätszuges beteiligt waren, insbesondere auch das
Problem der teilweise weitab im Einsatz stehenden
Kräfte anderer Hilfsorganisationen, besonders aber
der eingesetzten Pioniereinheiten von Bundeswehr
und NATO-Partnern. In der Küche der Hilfszugstaffel

22

IV gab es „rund um die Uhr" belegte Brote und Getränke, und „so ganz nebenbei" wurde die Bevölkerung von Etteln – das waren immerhin 91 Familien mit mehr als 350 Menschen – über Tage hinweg mit kalter und warmer Verpflegung versorgt.

Verpflegungsausgabe an Einsatzkräfte von Bundeswehr und Feuerwehr, Quelle: DRK-LV Westfalen-Lippe in „Idee + Tat" 9/1965

Nachdem zunächst der Betreuungseinsatz im Vordergrund gestanden hatte, rückte mit fortschreitender Zeit die medizinische Unterstützung der Menschen in Etteln zunehmend in den Blickpunkt. Viele vom Unglück betroffene Menschen, vor allem Ältere, brachen nach der Erschütterung der vorangegangenen Stunden nun körperlich zusammen. Sie mussten ärztlich versorgt, zum Teil auch in Krankenhäuser transportiert werden. Die beiden regionalen K-Sanitätszüge aus

Bielefeld-Stadt und anschließend aus Herford-Stadt leisteten hier wertvolle Hilfe: fast 100 Krankentransporte zum Arzt oder zum Krankenhaus mussten mit den Hilfskrankenwagen der beiden Züge geleistet werden. Auch fuhren die Fahrzeuge zu den abgelegenen Gehöften, gaben dort Essen aus und transportierten Menschen mit kleineren Blessuren, wie sie bei Aufräumungsarbeiten immer mal wieder vorkommen können, zur Ersten Hilfe im Sanitätszelt, das neben der Ettelner Schule aufgebaut worden war. Insgesamt wurden nach der von der Einsatzleitung in Etteln geführten Statistik neben den bereits erwähnten Krankentransporten fast 220 Kranke und Verletzte vor Ort versorgt.

Die Sanitätsstation des regionalen K-Sanitätszuges Herford-Stadt an der Schule in Etteln,
Quelle: DRK-LV Westfalen-Lippe in „Idee + Tat" 9/1965

Noch immer stellten aber die Nachrichtenverbindungen in den Einsatzraum eine „Achillesferse" dar. Als ersten Schritt setzte daher der Fernmeldesachbearbeiter des Landesverbandes die Funkantenne auf der Kreisgeschäftsstelle in Paderborn etwas höher – danach war die Funkverbindung zwischen Paderborn und Münster zu jeder Tages- und Nachtzeit störungsfrei vorhanden. Weiterhin wurde in der Einsatzplanung nun besonderer Wert darauf gelegt, dass die eingesetzten Einheiten neben ihrem Kradmelder auch über zusätzliche technische Nachrichtenmittel verfügten. Zwar war an Funkgeräte Mitte der 60er Jahre nicht zu denken, aber konnte nicht der Bau von provisorischen Telefonverbindungen hier eine Problemlösung darstellen?

Der bis in die Vormittagsstunden des 18. Juli in Etteln eingesetzte regionale K-Sanitätszug des DRK-Kreisverbandes Bielefeld-Stadt wurde daher durch den regionalen K-Sanitätszug Herford-Stadt abgelöst, eine Einheit, die über ihre Standardausstattung hinaus durch den Kreisverband Herford-Stadt aus eigenen Mitteln in den vorausgegangenen Jahren auch mit drahtgebundenen Fernmeldegerätschaften ausgerüstet worden war. Dieser Zug entpuppte sich in der Folge als „Universalhelfer" und blieb volle 9 Tage im Einsatz in Etteln!

Als der Zugführer sich bei der TEL in Etteln meldete, bot er – zusätzlich zu seinen ohnehin abzuarbeitenden Aufgaben im Sanitätsdienst – auch den Bau einer Telefonleitung mit Amtsanschluss an. Die ungläubige Antwort der TEL ist verbürgt: „Ja, kann das DRK das denn auch?" Ja, das DRK kann das, und bereits am Nachmittag baute der von dem regionalen K-Sanitätszug mitgebrachte Fernsprechtrupp eine immerhin acht Kilometer lange Feldkabelleitung zum benachbarten

Ort Atteln. Das Telefonnetz in Atteln funktionierte nämlich noch, und somit war Etteln am Abend des 18. Juli über den Amtsanschluss „Atteln Nr. 100" wieder mit der Außenwelt verbunden – der Aufbau dieser Leitung und die Rufnummer dieses Anschlusses gehörte noch in den 70ern zu den gerne erzählten Geschichten im Kreisverband Herford-Stadt.

Die Wiederherstellung funktionierender Nachrichtenverbindungen entpuppte sich, wie erwartet, als Erfolgsfaktor des weiteren Rotkreuzeinsatzes. Viele Maßnahmen, die im Raum Etteln in den folgenden Tagen ergriffen wurden, wären ohne die Möglichkeit der Kommunikation der behördlichen TEL mit der Katastrophenabwehrleitung des Kreises Paderborn und der DRK-Einsatzleitung mit dem Kreisverband, dem Landesverband und anderen Stellen nicht oder zumindest nicht so rasch und erfolgreich möglich geworden wie das tatsächlich dann geschah.

Die Küche des regionalen K-Betreuungszuges Arnsberg beim Einsatz in Schloss Neuhaus,
Quelle: DRK-LV Westfalen-Lippe in „Idee + Tat" 9/1965

Wenn auch Etteln der Schwerpunkt des Rotkreuzeinsatzes war, so sollen jedoch die anderen Orte des Geschehens nicht unerwähnt bleiben. In Schloss Neuhaus waren die DRK-Kräfte rund um den regionalen K-Betreuungszug Arnsberg mehrere Tage in einem schweren Einsatz zur Verpflegung von Bevölkerung und Einsatzkräften.

In Lippstadt wurden die regionalen K-Betreuungszüge aus Münster und Gelsenkirchen eingesetzt und leisteten ebenfalls Hervorragendes bei der Betreuung. Auch im Kreis Soest war Katastrophenalarm ausgelöst worden, hier wurden Kräfte des DRK-Verpflegungsdienstes aus den örtlichen Bereitschaften eingesetzt, so wie auch im Kreis Lüdinghausen, wo um Selm herum die örtlichen Einsatzkräfte des Kreisverbandes den Einsatz meisterhaft bewältigten, ohne dass überörtliche Hilfe beim Landesverband angefordert werden musste. Und immer wieder waren es die vom DRK betriebenen Krankentransportdienste, die wie in Paderborn über ihre Funkverbindungen die notwendige Kommunikation zum Einsatzstab des Landesverbandes sicherstellten, bis schließlich die Post die zerstörten Telefonleitungen wieder repariert hatte.

Rotkreuzhilfen beim Wiederaufbau

Bereits an den ersten Einsatztagen war absehbar, dass neben der unmittelbaren Soforthilfe eine umfassende Hilfe beim Wiederaufbau durch das Rote Kreuz notwendig werden würde. Die ersten Anzeichen hierfür erhielt der Einsatzstab des Landesverbandes bereits am Nachmittag des 18. Juli, als die TEL Etteln anfragte, ob das DRK eine Möglichkeit habe, für Menschen, die ihre Wohnungen verlassen mussten, 100 komplette Betten zur Verfügung zu stellen – dass die positive Antwort aus Münster bereits wenige Minuten später kam, sorgte für freudiges Erstaunen. Noch in der Nacht rollten die Betten aus dem damaligen K-Depot des Landesverbandes in Witten nach Etteln an und wurden in der Gemeindehalle zur Ausgabe an die Bevölkerung gelagert. Auch in den folgenden Tagen wurde die Gemeindehalle in Etteln von Spenden des Roten Kreuzes nicht leer. Die Halle entwickelte sich rasch zu einer Ausgabestelle nicht nur von Hilfsgütern des Roten Kreuzes, sondern auch anderer Spenden, die von den DRK-Kräften verwaltet und gemeinsam mit dem Ortspfarrer ausgegeben wurden.

Gleichzeitig hatte der DRK-Landesverband einen westfalenweiten Spendenaufruf gestartet. Im Vertrauen darauf, dass dieser Aufruf in der Bevölkerung Erfolg haben würde, wurden bereits unmittelbar Küchengeräte – vom Putzlappen bis zur Kaffeekanne alles, was ein Haushalt benötigt –, Betten, Kleiderschränke, Küchentische, Stühle, Gummistiefel, Regenumhänge und auch Kinderspielzeug beschafft und nach Etteln geliefert. Insgesamt belief sich der Wert der im Vertrauen auf die Spendeneingänge beschafften fabrikneuen Hilfsgüter zunächst auf fast 100.000,-- DM.

In mehreren Gesprächen mit der Gemeinde- und der Amtsverwaltung in Etteln wurden die notwendigen Absprachen getroffen, um die Hilfen des Roten Kreuzes mit den Maßnahmen anderer Hilfsorganisationen zu koordinieren. Dadurch sollten sowohl Mehrfachbetreuungen vermieden als auch sichergestellt werden, dass nicht etwa einzelne betroffene Familien „durch das Raster fallen" und ohne Hilfe bleiben müssten. Im Hintergrund gingen die Hilfslieferungen des DRK durchweg über das Lager der Hilfszugstaffel IV in Nottuln und dessen Außenstellen, wo der Lagerverwalter und nicht zuletzt die Kräfte der Standortbereitschaft rund um die Uhr tätig waren, um Lieferungen anzunehmen, zu sortieren und Frachten nach Etteln vorzubereiten.

Die betroffenen Häuser und Wohnungen waren aber durch die Auswirkungen des Hochwassers so verdreckt, dass vor einem Wiederbezug eine Grundreinigung vorgenommen werden musste, und dies nicht nur aus ästhetischen, sondern vor allem aus hygienischen Gründen. Die betroffenen Familien waren aber vielfach hierzu alleine nicht in der Lage. Bereits am Montag, 19. Juli, startete daher der DRK-Landesverband in Etteln das „Unternehmen ATA" - ATA war der Handelsnahme eines seinerzeit sehr gebräuchlichen Putz- und Scheuermittels. 21 Sozialhelferinnen des DRK aus mehreren Kreisverbänden stellten sich spontan zur Verfügung, um den betroffenen Haushalten bei den Aufräumungsarbeiten zu helfen und die Familien individuell zu betreuen. Ehe die Helferinnen anrückten, hatten die Bewohner und andere Hilfskräfte bereits den gröbsten Schmutz und Schlamm mit Schaufeln aus den Häusern entfernt; die Rotkreuzlerinnen arbeiteten nun mit Schrubbern, sauberem Wasser, Lappen und Putzmitteln. Die Helferinnen berichteten, dass die Einwohner angesichts des Schadensausmaßes zum Teil allen Mut verloren hatten und den Verwüstungen, die die Überschwemmung angerichtet hatten, hilflos gegenüberstanden. Nun aber sahen sie, wie die Rotkreuzlerinnen anpackten und Ordnung schafften, und griffen nun selbst wieder zu. Eine Helferin berichtete: „Dieses Wiedermutfinden der Leute war denn auch für uns der schönste Dank!"

„Unternehmen ATA",
Quelle: DRK-LV Westfalen-Lippe in „Idee + Tat" 9/1965

Bemerkenswert ist, dass die Menschen in Etteln die DRK-Helferinnen zunächst für bezahlte Hilfskräfte

gehalten hatten. Als sie dann hörten, dass alle Helferinnen ehrenamtlich tätig waren, waren sie voll des
Dankes und luden die Einsatzkräfte zu Kaffee und
Kuchen ein. Das „Unternehmen ATA" lief am vierten
Tag aus. Was nun noch in den Haushaltungen zu put-
zen und wiederherzustellen war, konnten die Bewohner – der damaligen Zeit entsprechend sicherlich besonders die Hausfrauen – selbst schaffen.

Eine Fürsorgerin des Landesverbandes – heute würde man wohl eher von einer Sozialarbeiterin sprechen
– besuchte schließlich die Familien in Etteln, Atteln,
Henglarn, Husen, Lichtenau und Ebbinghausen nach
etwa einer Woche nochmals in ihren Wohnungen, um
festzustellen, was in den Familien am dringlichsten
noch benötigt würde. Bei 146 Hausbesuchen wurden
dabei insgesamt 531 Warengutscheine im Wert von
jeweils 50,-- DM ausgegeben, mit denen die Familien
dann erforderliche Anschaffungen bestreiten konnten.
Auch diese Hilfen wurden vom Roten Kreuz aus den
inzwischen eingegangenen Spendenmitteln finanziert.

Können wir heute noch aus dem Einsatz „Heinrichsflut" lernen?

Nun ist es sicherlich alleine schon von rotkreuzhistorischem Interesse, die Heinrichsflut und den daraus resultierenden Einsatz des Deutschen Roten Kreuzes nicht in Vergessenheit geraten zu lassen – für die damals eingesetzten Kameradinnen und Kameraden kann dies sogar eine gewisse „nostalgische Wehmut" im Sinne eines „weißt du noch ..." befriedigen. Muss das aber Alles sein? Gibt es bestimmte, über den Tag hinaus gültige Erkenntnisse, die auch heute, fünfzig Jahre später, noch wertvolle Hinweise für die Bewältigung von Katastrophen geben können?

- Zunächst einmal: bei allen Unzulänglichkeiten hat das behördliche Krisenmanagement, nachdem es erst einmal angelaufen war, weitgehend funktioniert, weil alle Akteure im System eng und vertrauensvoll zusammengearbeitet haben. Diese Erkenntnis hat auch den damaligen nordrhein-westfälischen Innenminister Willi Weyer geleitet, als er in einem Dankschreiben an den Präsidenten des DRK-Landesverbandes Westfalen-Lippe, Dr. Dr. h.c. Anton Köchling, betonte, dass „ein wirksamer Katastrophenschutz nur bei vertrauensvoller Zusammenarbeit aller beteiligten Organisationen und Behörden möglich ist." Diese Aussage hat auch heute noch Gültigkeit: nicht durch ein System der Über- und Unterordnung, sondern durch ein vertrauensvolles Arbeiten „auf Augenhöhe" wird es möglich, die Synergien, die aus den unterschiedlichen Kompetenzen und Fähigkeit aller Beteiligten resultieren, tatsächlich zum Wohle des Ganzen einzusetzen. Etliche Jahre später hat ein Vertreter der nordrhein-westfälischen Landesregierung dies einmal in die griffige Formel „Partnerschaft zwischen Staat und Rotkreuzgesellschaft" gebracht. Nicht zuletzt mit der Neufassung des Gesetzes über das Deutsche Rote Kreuz hat auch der Bund diese besondere Stellung seiner nationalen Rotkreuzgesellschaft als „Hilfsgesellschaft der deutschen Behörden im humanitären Bereich", wie sie sich aus den für die Rotkreuz- und Rothalbmondbewegung geltenden völkerrechtlichen Bestimmungen ableitet, nochmals bekräftigt.

- Ausdruck dieser Partnerschaft ist die enge Beteiligung der nationalen Rotkreuzgesellschaft in den behördlichen Führungsstäben. Ohne die feste Einbindung der DRK-Katastrophenschutzbeauftragten in die behördlichen Katastrophenabwehrleitungen auf Kreis- und Bezirksebene hätten diese nicht die Einsatzmaßnahmen des DRK mit den weiteren behördlichen Aktivitäten verzahnen können, wären möglicherweise Fehl- und Doppelplanungen die Folge gewesen. Diese damaligen Erkenntnisse und Erfolgsfaktoren gelten auch heute noch: die Vertretung des DRK mit Sitz und Stimme in den

Krisenstäben der unterschiedlichen Füh-
rungsebenen ist eine „conditio sine qua
non" für den Erfolg eines gemeinsamen
Einsatzes. Ein ähnlich gelagertes Ereignis
wie die Heinrichsflut 1965 hat nach dem
Starkregen 2014 in Münster übrigens zu einer identischen Erkenntnis geführt: der Ka-
tastrophenschutzbeauftragte des Roten
Kreuzes gehört als ständiges Mitglied in den
behördlichen Krisenstab, um die Maßnahmen der Behörden mit denen des Roten
Kreuzes koordinieren zu können.

- Eine weitere taktische „Binsenweisheit" gilt
  ebenfalls heute noch: „die spontane Hilfe
  kommt aus dem betroffenen Gebiet, die organisierte Hilfe kommt von außerhalb!" Bei
  Ereignissen, die – nach heutiger Nomenkla-
  tur – mit der (Zer-)Störung kritischer Infrastrukturen einhergehen, müssen sich die
  kleinen Elemente zunächst selbst helfen
  können, bevor organisierte Hilfe von außen
  herangeführt werden kann. Im DRK heißt
  das spätestens seit 1987 „Stützpunktsys-
  tem", und diese DRK-Stützpunkte, nämlich
  alle Einrichtungen und Geschäftsstellen des
  Verbandes in den Gemeinden, müssen auch
  heute noch in der Lage sein, erste Hilfsmaßnahmen aus eigener Kraft zu bewältigen.
  Das Land NRW hat diesen Grundsatz für
  den Katastrophenschutz seit 1997 ebenfalls
  so geregelt; seitdem gilt die Zuständigkeit
  des Kreises erst, wenn die örtliche Gemein-
  schaft mit der Bewältigung des Schadens

überfordert ist. Dass hierzu aber schlagkräftige überörtliche Unterstützungssysteme erforderlich sind, um den örtlichen Stellen „den Rücken frei zu halten", ist spätestens seit der im Einvernehmen mit den Hilfsorganisationen geschaffenen Struktur der Verbände „Behandlungsplatzbereitschaft" und „Betreuungsplatzbereitschaft" in die Realität umgesetzt worden. Und auch die überörtlichen Hilfsmöglichkeiten des Roten Kreuzes, wie es sie früher der DRK-Hilfszug und heute die sogenannten „Landeskatastrophenschutzreserven" des DRK darstellen, sind und bleiben ein wichtiges Element für eine rasche und erfolgreiche Gefahrenabwehr.

- Eine weitere Erkenntnis hat die Heinrichsflut bestärkt: die traditionelle Aufteilung des Hilfeleistungspotentials in medizinische (Sanitätsdienst) und nichtmedizinische (Betreuungsdienst) Hilfe war schon 1965 nur von eher theoretischer Natur. Sowohl die eingesetzten Luftschutz-Sanitätsbereitschaften als auch die regionalen K-Sanitäts- und K-Betreuungszüge sind immer interdisziplinär tätig gewesen und haben sich um Gesunde und Kranke gleichermaßen gekümmert. Dieses Konzept hat viele Jahre – und viele Strukturmodelle – später schließlich seine heute noch gültige Ausformung in der „DRK-Einsatzeinheit" gefunden, die seit den 90ern ein Erfolgsmodell für den Aufbau

von Katastrophenschutzeinheiten nicht nur
in NRW geworden ist.

- Ohne die enge Zusammenarbeit mit dem
  Krankentransportdienst – als Rettungsdienst
  heute ebenfalls „Speerspitze" des Katastrophenschutzes – hätte schon 1965 der Einsatz
  nicht erfolgreich abgewickelt werden können. Die enge Verknüpfung zwischen Rettungsdienst und Katastrophenschutz muss
  daher auch heute immer wieder gefordert
  und gefördert werden. Rettungsdienst ist
  eben mehr als ein Element der „Gesund-
  heitswirtschaft", das ausschließlich unter
  betriebswirtschaftlichen Kostenargumenten
  betrachtet werden kann. Mit der Bereichs-
  ausnahme vom Vergaberecht, die durch das
  europäische Parlament im April 2014 be-
  schlossen worden ist, hat dieser Gedanke
  Eingang in die europäische Gesetzgebung
  gefunden und wird auch im nationalen
  Recht verankert werden.

- Stichwort „kritische Infrastrukturen": Der
  Ausfall von Strom- und Telefonnetzen hat
  1965 zu kritischen Situationen in der Schadensbewältigung geführt und konnte nur
  durch äußerste Kraftanstrengungen ausge-
  glichen werden. In der heutigen Kommuni-
  kationsgesellschaft bedarf es keiner beson-
  deren prognostischen Fähigkeiten, zu kon-
  statieren, dass der Ausfall von Strom-, Tele-
  fon- und Datennetzen heute zu noch weitaus
  verheerenderen Konsequenzen führen wür-

de. Die Frage, ob der moderne Katastrophenschutz auf solche Lagen vorbereitet sei, lässt sich ehrlicherweise nicht bejahen, denn die Abhängigkeit von Netzinfrastrukturen ist eher gestiegen denn geringer geworden. Ein Ausfall z.B. des Digitalfunknetzes der Behörden und Organisationen mit Sicherheitsaufgaben wäre heute kaum abzufangen. Glücklicherweise hat das DRK mit der Modernisierung seines Kurzwellenfunknetzes eine gewisse Redundanz geschaffen – ob dies in ähnlichen Lagen wie der Heinrichsflut ausreichen würde, ist jedoch fraglich. Immerhin könnte aber auf diesem Weg wie 1965 eine Verbindung zwischen dem Einsatzstab des Landesverbandes und dem betroffenen Kreisverband hergestellt werden.

- Ein Schwerpunkt des Einsatzgeschehens lag 1965 in der Versorgung der eingesetzten Kräfte und der Bevölkerung mit Mahlzeiten. Hier sind wir heute zumindest in NRW gegenüber der Situation bei der Heinrichsflut keineswegs besser aufgestellt; eher ist diese Fähigkeit in den Katastrophenschutzstrukturen aktuell geringer ausgeprägt als damals. Vorschläge seitens des Roten Kreuzes an die Behörden zur Verkleinerung dieser Schutzlücke gibt es zwar seit geraumer Zeit, jedoch sind bislang noch keine Entscheidungen über die Finanzierung der erforderlichen Ausrüstung getroffen worden. Es funktioniert eben nicht, bei Ereignissen dieses Ausmaßes davon auszugehen, dass „sich die

Kräfte am nächsten Imbissstand verpflegen können"! Einsatzkräfte, die mangels ausreichender Verpflegung – und auch mangels ausreichender Unterbringungs- und Ruhemöglichkeiten bei einem über Tage andauernden Einsatz – nicht ihre volle Leistung in einem schweren Einsatzgeschehen bringen können, sind aber für die Schadensbewältigung nur von eingeschränktem Wert. Ausreichende Versorgung und Verpflegung ist damit nicht nur ein Aspekt der Wertschätzung für einen oftmals alle Kräfte fordernden ehrenamtlichen Einsatz, sondern auch eine rein pragmatisch zu sehende Voraussetzung für einen optimalen Einsatzerfolg!

- Das „Unternehmen ATA" und die nachsorgende sozialpflegerische Betreuung der Betroffenen war der schlagende Beweis: Katastrophenschutz beschränkt sich nicht auf die unmittelbare Schadensbewältigung, sondern hat – insbesondere bei Lagen wie der Heinrichsflut – immer auch einen wohlfahrtspflegerischen Aspekt. Das vom DRK verfolgte Konzept des „Komplexen Hilfeleistungssystems" stand zwar von der Begrifflichkeit her 1965 noch in den Sternen, war aber in den Köpfen der handelnden Personen gleichwohl bereits verankert. Dieses Konzept und diesen interdisziplinären Ansatz der engen Verknüpfung von nationaler Hilfsgesellschaft und Wohlfahrtsverband gilt es weiterhin zu pflegen und auszubauen.

Das DRK hat aus seiner Eigenschaft, beide Elemente in sich zu vereinigen, ein Alleinstellungsmerkmal, das ein wesentlicher Erfolgsfaktor bei der Bewältigung komplexer Schadenslagen sein kann.

Alles in allem ist festzuhalten: viele Erkenntnisse aus dem Einsatz anlässlich der Heinrichsflut haben heute noch die gleiche Gültigkeit wie vor fünfzig Jahren. Teilweise sind sie inzwischen umgesetzt und Allgemeingut in der Gefahrenabwehr und im Katastrophenschutz geworden, teilweise muss aber auch konstatiert werden, dass wir heute in manchen Aspekten keineswegs besser aufgestellt wären. Es bleibt also weiterhin viel zu tun – und dabei ist die Analyse vergangener Einsätze keineswegs der schlechteste Ratgeber, wenn es um die Bewertung und um Umsetzungsempfehlungen in die heutige Zeit geht.

In diesem Sinne kann uns die Heinrichsflut von 1965 noch immer ein wichtiger Hinweisgeber sein!

Übrigens:
trotz intensiver Suche ist es dem Verfasser nicht gelungen, einen endgültigen Beleg für die Namensgebung „Heinrichsflut" zu finden. Ich tendiere dazu, hier den Namenstag des hl. Heinrich als wahrscheinlichsten Anlass anzusehen. Auf den ersten Blick erscheint dies merkwürdig, wird doch nach dem heute gültigen liturgischen Kalender das Fest des hl. Heinrich schon am 13. Juli gefeiert, an dem jedoch mit den starken Regenfällen des 16. und 17. Juli 1965 noch nicht gerechnet werden musste. Aber: möglicherweise ist die-

se „Terminverschiebung" auf das II. Vaticanum zurückzuführen – nach älteren Quellen wurde nämlich der Heinrichstag bis zur Veränderung des liturgischen Kalenders nach dem Konzil erst am 15. Juli, mithin also einen Tag vor dem Beginn der Heinrichsflut, gefeiert, an dem im Jahre 1965 wohl die besondere Wettersituation schon absehbar war. Sollte dies die zutreffende Erklärung sein, würde sich damit auch dieses Rätsel lösen!

Danksagung

Den ersten Kontakt mit dem Komplex „Heinrichsflut" erhielt ich in meiner Anfangszeit als Helfer im DRK-Kreisverband Bielefeld-Stadt. Auf meine Frage, was denn die merkwürdigen grünen Ringe auf den Stoßstangen der Fahrzeuge des regionalen K-Sanitätszuges bedeuteten, wurde mir erklärt, dass diese eine Erinnerung an den „Einsatz Etteln" darstellten. Die Rotkreuzkameraden haben mir „Greenhorn" dann viele Erlebnisse und auch Anekdoten aus diesem Einsatz berichtet, die mir auch jetzt bei der Vorbereitung dieses Büchleins immer wieder ins Gedächtnis gekommen sind. Ihnen allen, von denen viele heute schon nicht mehr unter uns sein können, gilt mein erster Dank, denn ohne sie hätte ich mich wohl nie für die Heinrichsflut interessiert.

Später dann habe ich im Archivraum des Landesverbandes Westfalen-Lippe alte Akten und auch das Einsatztagebuchs des „Einsatzes Etteln" entdeckt. Eigentlich hatte ich bei der Vorbereitung der Hilfszugübung „Springende Flut" 1987 nach Unterlagen über den Einsatz der Hilfszugstaffel IV bei der Sturmflut in Hamburg gesucht – umso überraschter war ich, dass ich dabei auf Unterlagen über einen Großeinsatz gestoßen bin, der wenige Jahre später in unserem eigenen westfälischen Gebiet stattgefunden hatte. Danke an die Kolleginnen und Kollegen, die in diesem Zusammenhang meinen Hang, in alten Akten zu stöbern, immer – möglicherweise auch mit einem nachsichtigen Lächeln – toleriert haben.

Mit dem Näherrücken der fünfzigsten Wiederkehr
des Datums der Heinrichsflut wurde bei mir die Über-
legung immer stärker, diesen doch weitgehend vergessenen Einsatz des Roten Kreuzes aus dem Dunkel der
Geschichte wieder etwas mehr ans Licht des Tages zu
holen. Hier half mir die Pressestelle des Landesverbandes weiter: in der Septemberausgabe 1965 des
Mitteilungsblattes des Landesverband „Idee und Tat"
ist ein ausführlicher Artikel über diesen Einsatz abge-
druckt, den mir die Pressestelle gerne zur Auswertung
zur Verfügung gestellt hat. Auch etliche der hier ver-
wendeten Fotografien entstammen dieser Publikation.
Herzlichen Dank an die Kolleginnen für ihre freundli-
che Unterstützung!

Das Internet war wider Erwarten keine besonders er-
tragreiche Quelle für Erkenntnisse zur Heinrichsflut.
Neben einem sehr informativen Wikipedia-Artikel
gibt es nur wenige Primärquellen, die im Netz zu finden sind. Anfragen nach Quellenmaterial, auf das im
Internet verwiesen wird, waren wenig erfolgreich,
denn viele Publikationen sind entweder bereits seit
Jahren vergriffen oder wegen ihres doch eher lokalen
Ansatzes nicht mehr allgemein verfügbar. Dennoch
bin ich dankbar für eine ganze Reihe von Sekundär-
quellen und „Schnipseln", die mir bei der Suche in die
Hände gefallen sind; die jeweiligen Autoren und Her-
ausgeber hier alle aufzuführen, würde den Rahmen
sprengen, wäre aber bei einer eher wissenschaftlich
angelegten Publikation möglich und erforderlich.
Danke also auch allen Heimatforschern, Sammlern
von Vereinspublikationen und Autoren von Traditi-
onsseiten militärischer Einheiten und Feuerwehren für
ihre Arbeit. Viele dort niedergelegten Eindrücke habe

ich zumindest als Hintergrundinformation für dieses
Büchlein verwenden können.

Insbesondere möchte ich aber allen Helferinnen und
Helfern des Roten Kreuzes sowie den Einsatzkräften
anderer Organisationen, Behörden und Einrichtungen
danken, die bei der Heinrichsflut so tatkräftig gehol-
fen haben. Ohne ihrer aller Einsatz wäre diese Kata-
strophe nicht so rasch und – bei allem Leid, das über
die betroffenen Menschen gekommen ist – erfolgreich
zu bewältigen gewesen.

Mein Mitgefühl gilt dabei den insgesamt elf Menschen, die durch die Flut und ihre Auswirkungen ihr
Leben lassen mussten.